INAUGURATION
DU BUSTE

DE S. M. L'EMPEREUR ET ROI,

AU PRYTANÉE MILITAIRE

DE LA FLÈCHE,

Le 3 Décembre 1809.

A LA FLÈCHE,

Chez L. I. DE-LA-FOSSE, Imp. Lib. du
PRYTANÉE MILITAIRE.

AN 1809.

INAUGURATION

DU BUSTE

DE S. M. L'EMPEREUR ET ROI,

Au Prytanée Militaire de la Flèche,

Le trois Décembre 1809.

L E 3 Décembre 1809, le Général de Brigade DUTEIL, Chevalier de l'Empire, Membre de la Légion d'Honneur, Commandant le Prytanée Militaire, Président du Conseil d'Administration, après avoir fait chanter, le matin, le Te-Deum à la suite des Cérémonies Religieuses, a profité de la Fête qu'occasionnait, dans tout l'Empire, l'anniversaire du Couronnement, pour caractériser particulièrement cette solennité dans le Prytanée, par l'Inauguration du Buste de S. M. I. et R.

Les deux autres Administrateurs , M M. RAYBAUD, Directeur des Études et CAIRE, Chef de Bataillon de la Garde Impériale, Membre de la Légion d'honneur, M. LELOUVIER, Quartier-Maître-Trésorier, Secrétaire du Conseil d'Administration, tous les Fonctionnaires du Prytanée, les Elèves, les Autorités Administratives, Judiciaires et Militaires, le Clergé et les Principaux Citoyens de la Ville ont assisté à cette fête.

M. le Général DUTEIL l'a ouverte par un discours. (N.° 1)

M. LE FÉVRE, Professeur des Belles-Lettres, a lu, après lui, un Chant Lyrique, et des stances qui ont amené un Hymne à la Paix, chanté par les Elèves. (N.° 2)

M. RAYBAUD, Directeur des Études du Prytanée, a terminé la séance par un discours analogue à la circonstance. (N.° 3)

Des Toasts ont été portés à L L. M M. l'Empereur et l'Impératrice, par les Elèves qui ont ensuite chanté avec enthousiasme : Où peut on être mieux, etc.

L'Administration charmée des transports avec lesquels les Elèves ont accueilli tout ce qui leur peignoit les bontés, la gloire de Sa Majesté et

(5)

l'espérance de vivre longtems sous sa protection puissante, et jalouse d'entretenir dans leur ame les sentimens d'amour et de reconnoissance dont ils sont pénétrés pour leur auguste bienfaiteur, a cru devoir faire imprimer toutes les pièces lues à l'occasion de cette solennité.

Et ont signé : *les Membres du Conseil d'Administration*, MM. DUTEIL, *Président ;* RAYBAUD *et* CAIRE, *Administrateurs ;* LELOUVIER, *Quartier-Maître-Trésorier , Secrétaire.*

DISCOURS

De M. le Général de Brigade

DUTEIL,

Chevalier de l'Empire.

JEUNES ÉLÈVES,

Pour quelle Cérémonie auguste et touchante sommes-nous rassemblés ! C'est l'image d'un Héros que nous présentons à vos yeux, de celui dont les grandes actions ont lassé les cent voix de la Renommée. Combien de talens, combien d'idées, de courage et de force, cette image chérie pourra vous rappeller !

Mais elle est aussi pour vous celle d'un bien-faiteur et d'un père. C'est lui, direz-vous en la contemplant chaque jour, c'est lui qui du faîte des grandeurs où l'a élevé son génie, laisse

tomber sur nous ses regards paternels : orgueil-
leux et touchés de ses bienfaits autant qu'étonnés
de sa gloire, vous serez pénétrés tout à la fois
pour lui, d'admiration , d'amour et de reconnoissance.

VIVE L'EMPEREUR !

CHANT LYRIQUE,

PAR M. LE FÉVRE,

Professeur des Belles-Lettres au Prytanée.

PRÉLUDE.

Ce lieu rappèle la mémoire
Du fortuné moment qui nous rendit nos droits.
Un Grand-Homme a paru. Nos yeux, fiers de
     leur choix,
L'ont reconnu pour Maître, aux rayons de sa gloire.
Renouvellez, Français, votre antique Pavois.
Plaçons-y ce Héros dont les brillans exploits
Emerveillent déjà la Muse de l'histoire.
SALUT AU JOUR SACRÉ QUI NOUS MIT SOUS SES LOIX.
Puisse-t-il à ses yeux renaître autant de fois
     Que le couronna la Victoire ! —

Vive, l'Ami du Peuple, et l'Arbitre des Rois !

STANCES

Adressées aux Élèves.

Et vous, lorsque la France entière,
Pleine de ses Faits éclatans,
Veut à cette Epoque si chère
Attacher la joie et les chants,
Rien ne lui peindra-t-il votre âme,
Enfans, dont son œil paternel,
Dont son adoption réclame
Un Hymne encor plus solennel?

Oui, dans ce jour que la Patrie
Voue au premier de nos Césars,
Il voit ici la plus chérie
De ses trois Ecoles de Mars.
Quand l'heure où l'on fête un bon père
Revole sur l'aile des Ans,
Quels sont les tributs qu'il préfère? —
Ceux de ses plus jeunes enfans.

Sachez donc lui rendre un hommage
Digne de vos droits précieux.
Adressez-vous à son image,
Si lui-même il manque à nos yeux.

Semez couronne sur couronne
Devant ce Vainqueur dont la main
Les conquiert, les ôte, ou les donne,
Au gré d'un Conseil plus qu'humain.

Et toi, maître des Destinées,
Dieu de la Guerre et de la Paix,
Veille, en prolongeant ses années,
Sur le plus grand de tes bienfaits.
Un tel Prince importe à la France.
Crains d'avoir à l'y remplacer.
Ce Chef-d'œuvre de ta puissance
Le pourrois-tu recommencer ?

Mais où m'emportent mes alarmes ?
Les Cieux, pour prévenir nos maux,
Couvrent leur Envoyé des armes
Qu'on forge aux divins arsénaux.
Cher au Ciel, craindroit-il la Terre ?
Traitres, assassins, tout a fui.
Le Foudre même de la guerre
Se tait, et s'éteint devant lui.

C'est peu : dans son âme agissante
Vit ce feu régénérateur
Qui de la santé florissante
Est le plus sûr conservateur.

Oui, sans doute ; un Esprit de flamme
Soutient les Hommes éminens.
Leur Corps cuirassé par leur âme,
Brave et brise la faulx du Tems.

Sur la foi de tant d'heureux gages
Dont j'aime à nantir votre amour,
Célébrez, sans craindre d'orages,
La Paix, la Victoire, et ce Jour.
Chantez l'éclat dont s'environne
Un Vainqueur sage, un Roi guerrier,
Qui revient des champs de Bellone,
Ceint de l'Olive, et du Laurier. *

---

* M. Le Févre est l'auteur des Tragédies de Cosroês, Zuma,
Don Carlos, Hercule au Mont Œta.

DISCOURS

PRONONCÉ

Par M^r. RAYBAUD,

Directeur des Etudes.

~~~~~~~~~

MESSIEURS,

CE tendre témoignage d'amour et de respect, manquoit encore aux nombreuses expressions de nos sentimens pour le plus généreux des Monarques. Nous venons de remplir un devoir sacré. Elle est enfin occupée la place réservée au Maître chéri de ces lieux ; le Prytanée est satisfait. O toi qu'embellirent longtems les traits de ton glorieux fondateur ! Azile renommé du savoir et de la vertu, fais éclater ton alégresse; celui que tu regrettois, HENRI t'est rendu : reprends désormais toute ta fierté, et pare-toi de cette image adorée, comme de ton plus bel ornement.
~~~~~~~~~

A l'exemple de toutes les familles, la famille adoptive de NAPOLÉON le Grand, aura donc aussi auprès d'elle, son Patron, son Génie tutélaire; à chaque instant, ses yeux pourront contempler l'objet de ses affections, son ame se répandre devant l'auteur de sa douce existence.

C'est au moment que, du Nord au Midi de l'Europe, il n'est plus qu'une Puissance, que la Victoire a tout rallié, que la Paix triomphe, que les espérances de félicité renaissent, que les temples retentissent d'actions de grâces, que tous les sentimens sont à la reconnoissance, c'est en ce moment, dis-je, qu'il nous convenoit sur-tout de manifester la nôtre, par cet hommage particulier et solennel envers notre BIENFAITEUR ILLUSTRE.

Mais, à quels grands souvenirs, à quelles brillantes époques, vient encore se lier cette cérémonie touchante ! En ce jour, la couronne impériale reçut un nouveau lustre en se plaçant sur sa tête immortelle, le vœu des Français fut accompli, le Ciel entendit nos sermens et les siens: en ce jour, le plus redoutable de nos ennemis, éprouva la supériorité de ses armes, et, par une défaite désastreuse, apprit à ne plus compter sur son ancienne réputation de courage et de discipline. Couronné par l'admiration dans la Capitale de l'Empire, par la victoire dans les plaines d'Austerlitz, Napoléon l'est encore aujourd'hui dans cette noble demeure, par l'amour reconnoissant.

L'on ne voit point ici cette pompe éblouissante qui environne le trône, ce cortège imposant de Princes, de Ministres, de Héros qui par leur grandeur personnelle, l'éclat de leur nom et de leurs dignités, le respect qu'ils commandent, ressemblent eux-mêmes à autant de Rois ; mais, l'on y remarque une aimable simplicité qui attire les cœurs, la majesté tempérée par la bonté ; ici des Magistrats pleins de zèle et d'honneur qui font bénir leur souverain, parce qu'ils sont intègres et justes, là des Prêtres dignes de Dieu, dont la religion est toute en exemple et en charité ; l'on y remarque des Hommes estimables qui, à la célébrité des talens ou de la valeur, préfèrent le mérite plus réel de former des citoyens pour la Patrie, une Jeunesse brillante qui tressaille de joie, à l'aspect du sourire paternel, une Elite enfin de sujets fidèles, tous jaloux d'unir leurs hommages aux nôtres, et de prendre part à cette fête de famille.

Ne voulons-nous aujourd'hui, Messieurs, qu'acquitter avec solennité la dette de la reconnoissance? et la statue du Grand Homme une fois encensée ne doit-elle plus être que l'objet d'une vénération stérile ou d'une décoration muette? dans les beaux siècles de l'antiquité, on érigeoit aussi des statues aux Héros qui avoient bien mérité de la Patrie. Placées dans les lieux les plus apparens, elles y exerçoient une sorte de surveillance, de censure publique: marchoit-on dans le sentier de l'honneur? elles sembloient applaudir, et le courage redoubloit: venoit-on à s'en écarter? on y étoit aussitôt ramené par un regard sévère et improbateur.

Si telle fut autrefois l'influence de quelques hommes illustres sur leurs concitoyens, quelle ne sera point parmi nous, celle d'un Prince qui a pour lui l'ascendant de tous les genres d'héroïsme et de bienfaits!

L'entendez-vous, Jeunes Elèves, toute la pensée qui sort de ce cœur? « La naissance, vous dit-
» elle, ne m'a pas fait grand, c'est la vertu qui
» m'a rendu tel. La véritable puissance n'est
» point dans le rang, mais dans le génie. Comme
» vous, je fus ignorant et foible; je me livrai tout
» entier aux utiles connoissances, je les fis entrer

dans

» dans mes projets d'élévation et de gloire, elles
» ne m'ont point trompé , vous voyez ce
» qu'elles m'ont fait. Vous aspirez aux hon-
» neurs de vos pères ? cette ambition est digne
» de vous, mais les concevez-vous bien les devoirs
» qu'elle impose ? mes soldats sont les vain-
» queurs de l'Europe, ils demandent des hommes
» capables de les commander, ils veulent pouvoir
» estimer ceux à qui ils doivent obéir ; courage ,
» instruction, talens, tels sont les premiers titres
» à leur respect. Enfans de mon adoption, que
» ces titres soient les vôtres ; alors seulement vous
» mériterez votre fortune, et je serai justifié de
» mon choix. »

Gardez ces paroles, Jeunes Elèves, elles don-
neront de l'énergie à votre ame ; surtout, méditez
souvent ce grand homme, rien que son souvenir
peut faire des héros.

Sa Statue reçoit ici nos libres offrandes, son
esprit y est partout répandu ; quel sera le jour
où nos regards pourront l'y contempler lui-même !
vous en éprouvez la vive impatience, vous tous
qui m'entendez ; vos désirs sont bien légitimes ;
tous les peuples, ceux-même qu'il a vaincus, ont
désiré de voir cette merveille de gloire et de

grandeur. Murs déchus de votre première beauté, vous soupirez aussi après ce moment heureux. Le tems, qui détruit les monumens de la bienfaisance comme ceux de l'orgueil, ne vous a point épargnés ; consolez-vous, une splendeur nouvelle vous attend. Vos droits pourroient-ils être mieux garantis ? NAPOLÉON vous a confié ses enfans, et vous êtes l'ouvrage d'un Roi qu'il admire. Il voudra s'associer à ses bienfaits, et nous, nous l'associerons à ses vertus, à sa mémoire.

Jeunes Elèves, jamais nous n'avons séparé, jamais nous ne séparerons nos intérêts, nos obligations, nos engagemens des vôtres. Maintenant donc, avant que de nous retirer de devant cette image auguste, en sa présence, comme si nous étions au pied du trône, promettons-lui tous unanimement amour et dévouement éternel ; et, si l'on ne peut douter que la prière de l'innocence, n'ait, comme celle du juste, la vertu de faire violence à Dieu même, les mains tendues vers le Ciel, dites-lui avec nous : Dieu ! protège, conserve pour notre bonheur, pour celui de tous les Français, le plus grand, le meilleur des Princes !

VIVE L'EMPEREUR !